SNS가 뭐예요?

물음표로 배우는 세상 ❶
SNS가 뭐예요?

초판 1쇄 발행 2018년 4월 2일
초판 4쇄 발행 2021년 5월 20일

글   에마뉘엘 트레데즈
그림   하프밥
옮김   이정주

펴낸곳 도서출판 개암나무(주)
펴낸이 김보경
경영관리 총괄 김수현   경영관리 배정은
편집 조원선 배우리 서진   디자인 김효정 윤수경   마케팅 신종연
출판등록 2006년 6월 16일 제22-2944호

주소 서울특별시 용산구 한남대로40길 19, 4층(한남동, JD빌딩) (우)04417
전화 (02)6254-0601, 6207-0603   팩스 (02)6254-0602   E-mail gaeam@gaeamnamu.co.kr
개암나무 블로그 http://blog.naver.com/gaeamnamu   개암나무 카페 http://cafe.naver.com/gaeam

LES RÉSEAUX SOCIAUX, COMMENT ÇA MARCHE
written by Emmanuel Trédez and illustrated by Halfbob
Copyright © Fleurus éditions, 2016
Korean Translation Copyright © Gaeamnamu Publishing Co. Ltd., 2018
All rights reserved.
This Korean edition was published by arrangement with
Fleurus éditions (Paris) through Bestun Korea Agency Co., Seoul

이 책의 한국어판 저작권은 베스툰 코리아 에이전시를 통한 저작권자와의 독점 계약으로 ㈜개암나무에 있습니다.
저작권법에 의해 한국 내에서 보호를 받는 저작물이므로 무단 전재와 무단 복제를 금합니다.

ISBN 978-89-6830-449-1 74300
       978-89-6830-448-4 (세트)

이 도서의 국립중앙도서관 출판시도서목록(CIP)은 서지정보유통지원시스템 홈페이지(http://seoji.nl.go.kr)와
국가자료공동목록시스템(http://www.nl.go.kr/kolisnet)에서 이용하실 수 있습니다.
(CIP제어번호: CIP2018008558)

품명 아동 도서 | 제조년월 2021년 5월 20일 | 사용연령 10세 이상
제조자명 개암나무(주) | 제조국명 대한민국 | 전화번호 02-6254-0601
주소 서울특별시 용산구 한남대로40길 19, 4층(한남동, JD빌딩)

물음표로 배우는 세상

SNS가 뭐예요?

에마뉘엘 트레데즈 글 하프밥 그림 이정주 옮김

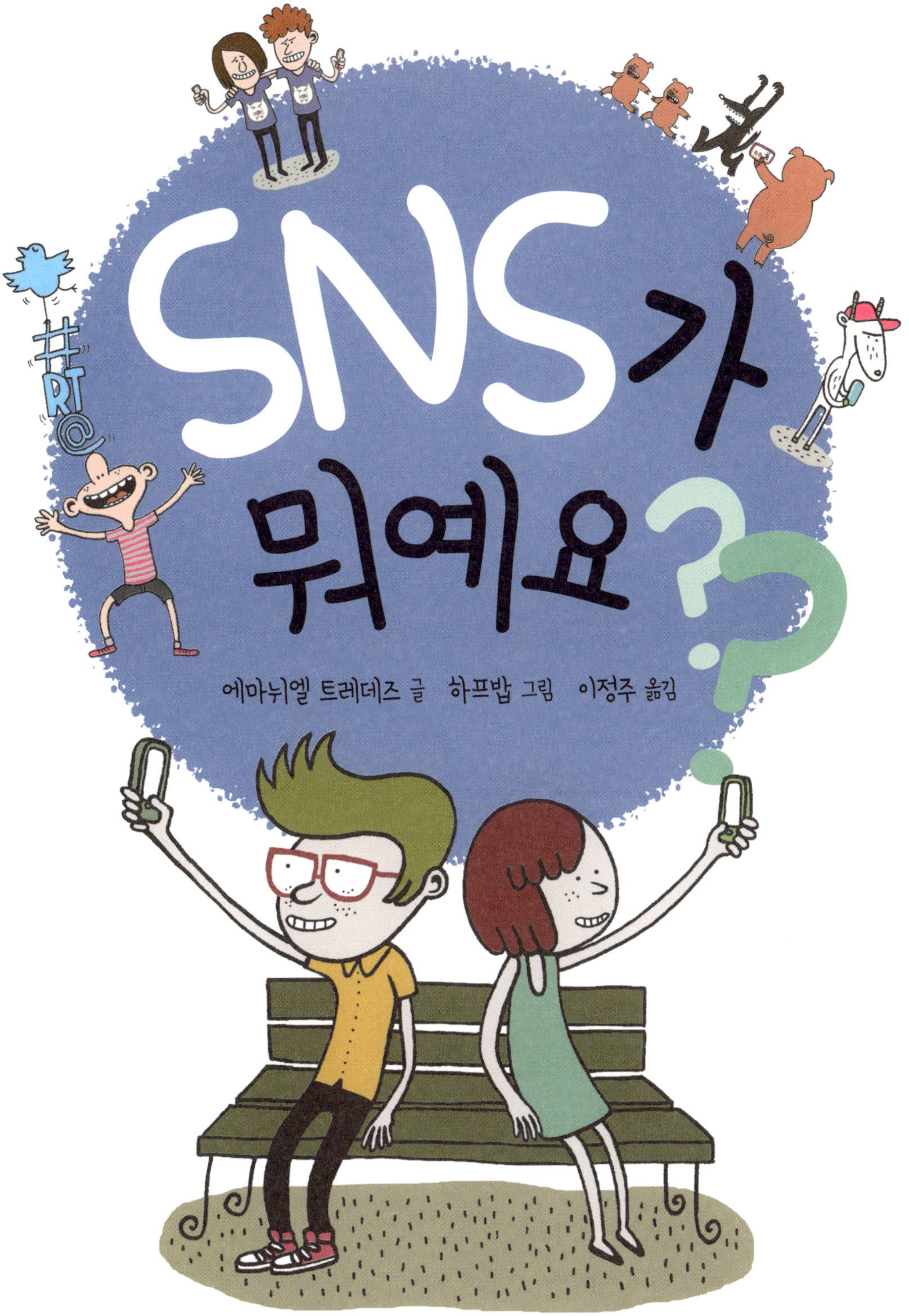

개암나무

 차례

1   소셜 네트워크 서비스가 뭔가요? ···6

2   SNS를 왜 쓰나요? ···8

3   SNS는 어떻게 활성화되었나요? ···10

4   SNS의 종류가 다양하다고요? ···12

5   SNS에는 어떤 기능이 있나요? ···16

6   SNS는 무료로 이용하나요? ···19

7   왜 SNS는 만 13세 이상만 가입할 수 있나요? ···24

8   SNS 프로필을 만들 때, 가명이나 아바타를 써도 되나요? ···26

9   우리 집 고양이 이름을 비밀번호로 써도 되나요? ···27

10   SNS를 이용하다 범죄를 당할 수 있어요? ···29

11   어떻게 하면 SNS에서 당하는 범죄 피해를 예방할 수 있을까요? ···32

12   SNS에 뭐든지 다 게시해도 되나요? ···35

13   SNS에 있는 말을 다 믿어도 되나요? ···37

14   SNS에는 아무 사진이나 올리면 안 돼요? ···41

15   그런데 만약 충격적인 사진을 보게 되면 어떡해요? ···43

16 이모티콘은 그저 예쁘게 보이기 위해 쓰나요? …45

17 사진에 자기 혼자 나와야 셀피인가요? …46

18 내 사이버 평판은 좋을까요? …48

19 스타의 SNS에도 접속할 수 있나요? …51

20 SNS에 중독되지 않으려면 어떻게 해야 하나요? …53

21 페이스북은 어떻게 이용하나요? …55

22 페이스북에서는 쉽게 친구를 사귈 수 있나요? …58

23 '좋아요'는 왜 눌러요? …60

24 트위터는 어떻게 작동해요? …62

25 트윗은 어떻게 써요? …65

26 인스타그램에서는 무엇을 하나요? …67

27 핀터레스트는 어떻게 작동해요? …69

28 스냅챗에서는 무엇을 하나요? …71

29 유튜브는 어떻게 작동할까요? …72

30 한국 기업이 만든 SNS도 있다고요? …75

1 소셜 네트워크 서비스가 뭔가요?

소셜 네트워크 서비스(Social Network Service)는 인터넷상에서 소셜 네트워크, 즉 사회 연결망을 제공하는 서비스를 말해요. 각 단어의 앞글자를 따서 'SNS'라고 하지요. 소셜 네트워크 서비스보다 'SNS'라는 말을 더 많이 들어 봤을 거예요.

'소셜 네트워크(사회 연결망)'란 간단히 말하면 서로 관계를 맺고 있는 사람들의 모임이에요. 사람은 누구나 사회 안에서 다른 사람들과 관계를 형성하고, 서로 의견을 나누며 살아가요. 여러분도 이미 다양한 소셜 네트워크에 속해 있지요. 가족, 학교 친구들, 여행지에서 사귄 친구들, 피아노 학원이나 태권도 학원에서 만난 친구들이 모두 나와 같은 소셜 네트워크에 속한 사람들이에요.

내 소셜 네트워크 친구들이야.

이처럼 소셜 네트워크는 인터넷뿐만 아니라 실생활 속에도 있어요. 오히려 인터넷이 개발되기 전부터 가정, 학교, 학원 등 다양한 소셜 네트워크가 존재했지요. 그러다 인터넷이 발달하면서 실생활의 소셜 네트워크를 본뜬 다양한 SNS가 나타났어요. 페이스북, 트위터, 인스타그램, 카카오스토리와 같은 서비스 말이에요. SNS는 실생활 속 소셜 네트워크와 매우 비슷해요. 다양한 방식으로 여러 사람들과 관계를 맺도록 도와주지요. 하지만 SNS와 실생활 속 소셜 네트워크는 관계를 맺는 방식이 무척 달라요. SNS에서는 실제로 얼굴을 보지 않고도 친구가 될 수 있고, 모르는 사람하고도 쉽게 대화를 주고받을 수 있어요.

6단계 분리 이론

미국 하버드 대학의 스탠리 밀그램 교수는 160명을 대상으로 실험을 했어요. 먼 도시에 사는 모르는 사람에게 편지를 전달하도록 하고, 그 편지가 몇 사람을 거쳐야 받는 사람(수취인)에게 도착하는지를 추적했지요. 실험 결과, 대부분의 편지가 평균 5.5명을 거치자 받는 사람에게 전해졌어요. 이것은 최대 6명을 거치면 모르는 사람하고도 관계를 맺을 수 있다는 의미이지요.

2008년에 마이크로소프트사도 비슷한 연구를 진행했어요. 자사에서 개발한 인터넷 대화 프로그램 'MS 메신저'를 이용하여 몇 명을 거쳐야 특정인에게 연락이 닿는지 실험했지요. 그 결과 평균 6.6명을 거치면 된다는 결론을 얻었답니다. 여러분의 친구의, 친구의, 친구의, 친구의, 친구의, 친구 중 누군가는 엑소나 방탄소년단과 친구일 수 있다니, 정말 신기하지요?

2 SNS를 왜 쓰나요?

SNS를 활용하면 더욱 폭넓게 친구를 사귈 수 있어요. 시간을 들여 특정 장소에 찾아가서 상대를 만나지 않아도 서로의 글이나 사진만 보고 친구가 될 수 있기 때문이에요.

때로는 SNS와 실생활의 소셜 네트워크가 뒤섞이기도 해요. 여러분의 페이스북 친구 목록에는 인터넷상에서 알게 된 사람들도 있지만, 같은 반 친구나 학원 친구 혹은 가족과 친척들도 있지요.

SNS에서는 관심사나 취미가 비슷한 사람과 더욱 쉽게 친해질 수 있어요. 상대방에게 친구 요청을 보내거나 상대방이 보낸 친구 요청을 수락만 하면 되지요.

여러분의 친구의 친구하고도 친구가 될 수 있어요. 인간관계가 순식간에 넓어지는 것이지요. 이처럼 SNS는 우리가 좋든 싫든 간에 다른 사람과 소통하는 방법을 크게 변화시켰어요.

최근 들어 SNS를 이용하는 사람이 많아지면서 SNS에서 다양한 정보를 주고받기도 해요. SNS에서는 오랫동안 한 분야에 관심을 쏟은 사람이나 전문가의 지식과 견해를 쉽게 만날 수 있어요. 글, 사진, 동영상, 링크를 공유할 수 있어 다양한 정보를 쉽게 얻을 수 있지요.

많은 사람이 모인 공간이기 때문에 기업이 제품을 홍보하는 마케팅 수단으로도 쓰여요.

이처럼 사람들은 SNS를 다양한 방면으로 활용하고 있답니다.

링크
웹상에서 손쉽게 다른 문서로 이동할 수 있는 일종의 '주소'예요. 링크를 클릭하면 자동으로 링크와 연결된 페이지로 넘어가요. 문서 뿐만 아니라 동영상, 사진을 클릭하여 다른 페이지로 이동할 수도 있지요. 옛날에는 종이책을 보다가 모르는 단어가 나오면 사전을 뒤적여야 했지만, 요즘은 인터넷에서 모르는 단어를 만나면 그 단어의 뜻을 설명하는 링크를 클릭하여 뜻을 쉽게 찾을 수 있답니다.

마케팅
생산자가 자신이 만든 상품이나 서비스를 소비자에게 판매하기 위해 하는 활동이에요. 시장에 해당 물건이 얼마나 필요한지 예측하고, 상품을 홍보하고, 판매를 늘리기 위해 광고하는 등의 활동이 이에 속하지요.

3 SNS는 어떻게 활성화되었나요?

　　SNS가 활성화될 수 있었던 것은 스마트폰과 인터넷 기술이 발전했기 때문이에요. 문자나 전화 기능만 있던 휴대 전화가 컴퓨터와 비슷한 성능을 갖추고, 화질이 좋은 카메라를 장착한 스마트폰으로 발전했어요. 또 언제 어디서나 인터넷을 할 수 있는 무선 인터넷 연결 기술 '와이파이'가 널리 퍼지면서 시간과 장소에 구애받지 않고 스마트폰을 이용해 인터넷에 접속할 수 있게 되었어요.

사람들은 이제 더 이상 스마트폰을 전화하거나 문자를 보내는 데에만 사용하지 않아요. 영화를 보고, 음악을 듣고, 인터넷에 접속해 신문 기사를 검색하고, SNS를 이용해 다른 사람들과 소통하는 데 더 자주 사용하지요. 문자나 전화 대신 SNS로 안부를 주고받는 사람들도 많아졌어요.

기술이 발전하면서 인터넷 속도는 점점 빨라지고 있어요. 영화 한 편을 1분 안에 다운로드(내려받기)할 수 있지요. 또 빠르게 달리는 지하철 안에서도 끊기는 현상 없이 인터넷을 쓸 수 있어요.

언제 어디서나 SNS를 사용할 수 있게 되자, 사람들은 눈앞에서 재미있는 일이 일어나면 동영상을 찍어 SNS에 바로 올려요. 지구 반 바퀴를 돌아가야 도착할 만큼 먼 곳으로 여행을 가서도 SNS에 글을 올리며 친구들과 실시간으로 소통해요. 굳이 전화를 할 필요가 없지요.

최근에는 이러한 현상을 반영하여 사진이나 몇 초짜리 짤막한 **루핑 영상**을 올릴 수 있는 인스타그램이나 바인(Vine, 6초짜리 짧은 동영상을 촬영해 공유하는 서비스) 같은 SNS가 큰 인기를 끌고 있어요.

루핑 영상
따로 재생 버튼을 누르지 않아도 하나의 영상이 계속 반복해서 재생되는 것을 말해요.

4 SNS의 종류가 다양하다고요?

그럼요! 2018년 현재 전 세계에서 쓰이는 SNS는 대략 50종이 넘어요. 이 중 많이 쓰는 것들을 주된 기능에 따라 몇 가지로 나눌 수 있어요. 메신저 기능이 특화된 모바일 메신저, 글을 공유하는 기능이 뛰어난 블로그, 블로그보다 짧은 글을 공유하는 **마이크로 블로그**, 동영상 콘텐츠를 공유하는 미디어 플랫폼 등이지요.

이처럼 SNS마다 주된 기능이 다르기 때문에 사람들은 여러 SNS를 동시에 이용하기도 해

마이크로 블로그
140자 내외의 짧은 글이나 동영상 등을 공유하는 SNS예요. 짧은 글을 공유하기 때문에 상대방과 실시간으로 의사소통하기에 좋아요.

요. 어떤 사람들은 유튜브, 왓츠앱, 스카이프를 쓰지만, 또 어떤 사람은 페이스북, 트위터를 쓰지요. 물론 모든 SNS를 다 이용하는 사람도 있어요. 그래서 SNS의 인기 순위도 해마다 바뀐답니다.

전 세계 SNS 인기 순위 (2017년 4월 기준)
1. 페이스북
2. 왓츠앱
3. 유튜브
4. 페이스북 메신저
5. 위챗

2011년에는 애스크에프엠(Ask.fm, 사용자들끼리 질문을 주고받는 문답 형식의 SNS), 2012년에는 바인, 2015년에는 퀴즈업(QuizUp, 실시간으로 퀴즈를 풀며 소통하는 어플)과 같은 새로운 SNS도 등장했어요.

좀 오래된 SNS들은 기존보다 성능을 높이고 있어요. 인스타그램은 사진을 기반으로 한 SNS였지만, 지금은 동영상도 공유할 수 있지요. 그럼 각 기능에 따라 어떤 SNS들이 있는지 자세히 살펴볼까요?

페이스북을 떠나는 젊은이들

페이스북의 전 세계 월 평균 사용자 수는 15억 명이 넘어요. 세계 최대 규모이지요. 그런데 '젊은층'의 페이스북 사용율은 점점 줄고 있어요. 너무 많은 사람들이 페이스북을 쓰다 보니 부모님은 물론이고 할머니, 할아버지까지 페이스북에서 마주치기 때문이에요. 친구들에게만 공유하고 싶은 내용을 들키기 싫어 어른들이 잘 사용하지 않는 다른 SNS를 이용하는 것이지요.

'관계 맺기'가 중요해요!

- 일반 SNS: 페이스북, 구글플러스, 카카오스토리
- 전문 SNS: **링크드인**, 비아데오

가장 보편적으로 쓰는 SNS예요. 여러분의 부모님도 이용하고 있을지 몰라요.

링크드인
비즈니스(사업)에 특화된 SNS예요. 사용자들은 프로필에 자신의 경력을 적고, 친구를 맺은 사람들과 공유해요. 이를 통해 다양한 채용 정보를 얻을 수 있답니다.

콘텐츠
글, 영상, 사진, 음악 등을 활용하여 만든 다양한 창작물을 뜻해요.

텀블러
단문 블로그 서비스로, 이용자가 블로그나 마이크로 블로그 중 선택하여 이용할 수 있어요.

'콘텐츠'가 중요해요!

- 마이크로 블로그와 블로그의 중간 형태: **텀블러**
- 마이크로 블로그: 트위터, 피드, 미투데이
- 사진 공유 서비스: 인스타그램, 핀터레스트, 스냅챗, 플리커
- 미디어 플랫폼: 유튜브, 데일리모션, 바인
- 음원 스트리밍 서비스: 디저, 스포티파이, 멜론, 지니

특별한 형태의 SNS예요. 어떤 콘텐츠를 다루느냐에 따라 이용자가 달라져요.

'소통' 기능이 중요해요!

- 모바일 메신저: 페이스북 메신저, 스카이프, 왓츠앱, 카카오톡, 라인

인터넷이 연결된 곳에서 친구들과 자유롭게 대화할 수 있도록 도와주는 SNS예요.

트립 어드바이저(여행 커뮤니티)와 바블리오(독서 커뮤니티)와 같은 사이트도 SNS라고 볼 수 있어요. 프로필을 작성하고, 댓글을 달고, 평점을 매겨 공유한다는 점이 블로그나 페이스북에 여행기나 서평을 올려 정보를 공유하는 것과 비슷하지요.

SNS에는 어떤 기능이 있나요?

SNS마다 주된 기능은 다르지만 공통된 기능들도 있답니다. 어떤 것들이 있는지 살펴볼까요?

프로필 설정

자기만의 개성 있는 프로필을 만들 수 있어요. 프로필을 설정할 때는 반드시 이름을 입력해야 하는데, 개중에는 가명을 쓸 수 있는 것도 있어요. 또 **로그인**을 할 때 필요한 전자 우편 주소를 입력해야 하는 경우도 있어요. 전자 우편 주소는 비공개로 설정할 수도 있지요. 그 밖에 사진, 거주지, 취미나 학교 등을 선택하여 입력하면 돼요. 프로필 내용을 참고하여 나와 잘 맞는 친구를 추천해 준답니다.

로그인
사용자가 자신을 인증하고 인터넷 서비스에 들어가는 것을 말해요. 로그인을 하려면 회원 가입을 할 때 정한 아이디와 비밀번호를 입력해야 하지요. 시스템에서 나오는 것은 '로그아웃'이라고 해요.

콘텐츠 공유

SNS에는 기사, 웹 링크, 사진, 동영상과 같은 콘텐츠를 게시할 수 있어요. 이렇게 콘텐츠를 게시하는 것을 '포스팅'이라고 해요. 나와 관계를 맺고 있는 친구들은 내가 올린 콘텐츠를 볼 수 있어요. 나 또한 친구들이 게시한 콘텐츠를 볼 수 있지요.

댓글

사람들이 게시한 콘텐츠에 소감과 같은 짧은 글을 남기는 것을 '댓글'이라고 해요. '답글'이라고도 하지요. SNS에 게시된 콘텐츠에 '좋아요'를 누르는 것도 댓글의 한 형태예요. 보통 댓글은 누구나 자유롭게 달 수 있지만, SNS에 따라 댓글을 달 수 있는 사람을 지정할 수도 있어요.

한국인이 가장 많이 사용하는 SNS는 페이스북이에요. 한 달간 9천 3백만 시간을 사용해요.
- 2017년 9월 안드로이드 스마트폰 사용자 2만 3천 명의 사용량 기준(출처: 와이즈앱)

친구 찾기와 친구 요청하기

SNS를 사용하는 가장 큰 목적은 친구를 사귀는 거예요. 새로운 친구들 뿐만 아니라 오랫동안 만나지 못한 친구나 가족 또는 학교 친구와 SNS 친구가 될 수 있지요.

SNS에는 '전체 공개'된 콘텐츠도 있지만, 친구를 맺은 사람끼리만 공유하는 콘텐츠도 있어요. 그래서 상대가 올린 모든 콘텐츠를 보고 싶다면 친구를 맺어야 해요.

알림 설정

자신의 SNS에 새로운 게시물이 올라올 때마다 알림이 울리도록 설정할 수 있어요. 알림이 울리면 중요한 콘텐츠를 바로 확인할 수 있지요. 또 누군가가 나에게 '친구 신청'을 하거나 내 게시물에 댓글을 달 때도 알림이 오도록 설정할 수 있어요.

SNS는 무료로 이용하나요? 6

그렇기도 하고 아니기도 해요. 기본적인 서비스는 '무료'로 이용할 수 있어요. 가입하기 위해 돈을 낼 필요가 없지요. 하지만 이따금 '프리미엄'이라고 불리는 서비스를 이용하려면 이용료를 지불해야 해요. 예를 들어 음원을 '무제한'으로 듣거나 유튜브에서 광고 없이 동영상을 보려면 돈을 내야 하지요.

SNS를 운영하는 회사들이 이용자들에게 무료로 서비스하기 위해서는 수익이 필요해요. 그 수익은 주로 광고를 통해서 얻어요. 광고는 그 제품을 살 만한 사람에게 해야 훨씬 효과적이에요. 그래서 기업들은 자신들의 제품에 흥미를 가질 만한 특정 고객을 대상으로 광고를 하고 싶어 하지요.

SNS에서는 기업이 원하는 것처럼 특정 소비자들에게만 광고를 노출할 수 있어요. 게다가 TV 광고보다 비용이 저렴하지요.

그런데 어떻게 특정 소비자에게만 광고를 할 수 있을까요? 우리는 SNS에 가입할 때, 몇 가지 개인 정보를 입력해요. 아이디, 비밀번호, 전자 우편 주소, 생일, 성별 등은 필수로 입력하고, 학력, 관심사, 취미 등은 선택해서 입력하지요. SNS를 운영하는 회사는 광고비를 받

> 페이스북에 회원 가입을 할 때, '항상 지금처럼 무료로 즐기실 수 있습니다'라는 문구가 떠요. 그렇지만 사실 내 개인 정보를 제공하고 페이스북을 이용하니 꼭 무료라고 볼 수는 없어요!

개인 정보가 왜 중요할까요?

개인 정보는 온라인 상에서 나를 알아볼 수 있는 정보예요. 주민 등록 번호, 이름, 휴대 전화 번호를 비롯하여 SNS에 회원 가입을 할 때 제공한 여러분의 나이, 관심사, 음악 취향 혹은 '좋아요'를 누른 게시물이 무엇인지도 모두 개인 정보에 속하지요. SNS를 이용하려면 그전에 광고주에게 내 개인 정보를 넘겨줘도 된다고 동의해야 해요. 개인 정보를 넘기는 일이 별것 아니라고 생각할 수 있지만, 개인 정보의 값어치는 어마어마하답니다. 누군가 내 정보를 도용하여 내 행세를 하고 다닐 수도 있고, 내 사생활을 침해하고, 내 전자 우편 계정에 접속해 메일을 몰래 훔쳐볼 수도 있어요. 또 내 개인 정보가 광고주에게 넘어갔다면 원하지 않는 광고들을 볼 수밖에 없지요. 그러므로 개인 정보 이용을 허락하는 것은 신중하게 생각하고 결정해야 한답니다.

고 이 정보를 기업에 제공해요. 만약 청바지 회사가 힙합을 좋아하는 만 13~17세 사이의 청소년들에게 새 청바지를 광고하고 싶다면, 페이스북에 돈을 지불하고 대상이 되는 사람들의 개인 정보를 얻어 그들에게만 보이도록 광고를 게시하는 거예요.

이게 다가 아니에요! 가장 인기 있는 SNS 중 하나인 페이스북은 이용자의 수많은 정보를 친구들과 자동으로 공유할 수 있어요. 광고도 마찬가지예요. 이용자가 어떤 광고에 '좋아요'를 클릭하면, 친구들의 페이스북에도 그 광고가 보여요. 광고주에게 득이 되는 일이지요!

설령 여러분이 청바지 광고에 '좋아요'를 클릭하지 않았어도, 청바지 회사의 페이스북을 봤다면, 여러분의 뉴스피드에 청바지 광고가 뜰 수 있어요. 청바지 회사는 어떻게 자신들의 페이스북에 여러분이 방문한 것을 알았을까요? 바로 '쿠키' 때문이에요! 여러분이 컴퓨터나 스마트폰으로 어떤 사이트를 방문하면, <mark>웹브라우저</mark>는 방문한 사이트를 저장해요. 다시 말해서 임시 파일에 여러분이 해당 홈페이지에서 본 내용, 상품 구매 내역, 신용 카드 번호, 아이디나 비밀번호 등의 정보를 자동으로 저장하지요. 이것을 쿠키라고 해요. 쿠키에 저장되는 정보 파일은 용량이 무척 작아요. 꼭 쿠키를 먹으면 남는 부스러기 같다고 해서 쿠키라는 이름으로 불리지요. 쿠키는 홈페이지를 편리하게 이용하기 위해 만든 기능이에요. 홈페이지에 접속할 때마다 아이디와 비밀번호를 입력하거나, 구입할 때마다 같은 제품을 찾아야 하는 번거로움을 없애 줘요. 또 여러분이 이전에 구매한 내역을 기억하고 있다가 그와 비슷한 제품을 보여 주지요. 포털 사이트에서 읽고 싶은 매체를 관심 뉴스로 등록하는 것도 쿠키를 활용한 거

웹브라우저
인터넷의 웹페이지를 열어 볼 수 있도록 도와주는 프로그램이에요. 포털 사이트에 접속하려면 반드시 웹브라우저를 이용해야 하지요. 인터넷 익스플로러, 크롬, 파이어폭스 등이 대표적인 웹브라우저예요.

예요.

기업은 이 쿠키 정보를 바탕으로 이용자가 평소에 원하는 제품을 선별하여 광고를 할 수 있어요.

쿠키를 무조건 이용해야 하나요?

어떤 사이트를 처음 방문하면 쿠키의 용도를 알려 주고, 쿠키를 사용할지 말지를 물어 보는 메시지가 떠요. 쿠키는 매번 반복해야 하는 과정을 줄여 주기 때문에 편리하지만, 개인 정보를 침해당할 위험이 있어요. 누군가 내가 쿠키로 저장해 놓은 정보를 범죄에 악용할 수 있거든요. 혼자 사용하는 개인 컴퓨터에서는 쿠키를 사용해도 괜찮지만, 여럿이 함께 사용하는 컴퓨터라면 개인 정보가 노출될 위험이 크니 쿠키를 사용하지 않는 게 좋아요.

왜 SNS는 만 13세 이상만 가입할 수 있나요?

가장 인기 있는 SNS인 페이스북은 회원 가입을 할 때, 생년월일을 기입해야 하는데, 만 13세 이상이 아니면 가입할 수 없어요. 물론 나이를 속일 수도 있겠지만, 결국에는 드러나고 말아요! 페이스북뿐 아니라 구글플러스, 트위터, 인스타그램, 핀터레스트 혹은 스냅챗과 같이 성인용이 아닌 대부분의 SNS도 만 13세 이상이어야 회원 가입을 할 수 있어요. 그런데 왜 만 13세가 기준일까요? 이 SNS들이 미국 기업들이 만들어 미국의 법을 따르기 때문이에요. **미국의 법에 의하면, 만 13세 미만 미성년자의 개인 정보는 상업적으로 이용할 수 없어요.** 그래서 대부분의 기업들이 만 13세를 기준으로 가입자를 받지요.

꼭 법 때문이 아니더라도 만 13세 미만의 어린이는 충분히 성숙하지 않았어요. 그리고 SNS를 안전하게 이용하는 법을 잘 모르는 경우가 많지요. 그래도 SNS를 하고 싶다면 부모님의 동의를 얻고 함께 논의하여 글을 올리고 이용하는 것이 좋아요.

혹시 여러분은 SNS에 게시물을 올릴 때, 공개 대상을 제한하지 않으면, 누구나 여러분이 올린 글을 읽을 수 있다는 사실을 아나요? 인터넷에 한번 올린 개인 정보는 완전히 삭제하기 어렵다는 사실은요? 친구의 사진을 여러분의 SNS에 게시하려면, 그 친구에게 허락을 받아야 한다는 사실도 알아요? 이뿐만이 아니에요. 여러분과 같은 어린이들이 보면 안 되는 부적절한 콘텐츠, 즉 폭력적이거나 선정적인 사진과 동영상을 여러분이 원하지 않아도 보게 될 수 있어요. 심지어 SNS를 통해 나쁜 사람이 여러분에게 접근할 수 있고, 특히 사이버 해적의 먹잇감이 될 수도 있답니다. 어때요, SNS를 이용하고자 할 때 정말 신중해야겠지요?

내 개인 정보를 노리는 사이버 해적!

사이버 해적은 돈을 노리고 기업이나 개인의 컴퓨터에 침입하여, 컴퓨터에 들어 있는 문서나 프로그램에 접근할 수 없도록 악성 프로그램을 심는 해커를 말해요. 이들의 주 무기는 '랜섬웨어'예요. 랜섬웨어는 몸값을 뜻하는 랜섬(Ransom)과 소프트웨어(Software)를 합친 말로, 시스템을 잠그거나 데이터를 암호화해 사용할 수 없도록 만드는 프로그램이지요. SNS에 올린 URL을 잘못 누르면 감염될 수 있으니 조심해야 한답니다.

8 SNS 프로필을 만들 때, 가명이나 아바타를 써도 되나요?

SNS에 따라 달라요! 예를 들어 페이스북은 진짜 내 정보를 써야 해요. 왜냐고요? 오랫동안 만나지 못한 옛 친구들이나 실생활에서 만나는 친구들하고도 소통해야 하니까요. 가명을 쓰면 오래된 친구를 찾거나 아는 사람과 대화하기가 어렵겠지요? 게시물을 올릴 때에도 가명보다 실명을 쓸 때 더 신중하게 되고, 제멋대로 쓰지 않아요. 가명을 써도 되는 SNS에서는 사람들이 거침없이 말을 내뱉는 경우가 많지요.

그러면 프로필 사진은 어떨까요? 몇몇 SNS에서는 실물 사진 대신 사용자의 분신처럼 쓸 수 있는 그림 캐릭터 '아바타'를 프로필 사진으로 게시할 수 있어요. 실물 사진이 인터넷상에 '떠도는 것'을 피하기 위해서지요. 게다가 아바타를 쓰면 내가 원하는 대로 꾸밀 수 있어 훨씬 재밌어요.

우리 집 고양이 이름을 비밀번호로 써도 되나요?

아니요! 그건 피하는 게 좋아요! 고양이 이름 뿐만 아니라 여러분과 관련 있는 모든 것은 비밀번호로 쓰지 않도록 해요. 예를 들어 생년월일, 내 이름이나 친구 이름 등이요. 여러분을 아는 사람이 비밀번호를 유추하여 여러분 몰래 여러분의 SNS에 쉽게 접속할 수 있거든요.

대부분의 SNS에서는 비밀번호 설정 기준을 정해 둬요. 영문 8자 이상에, 숫자와 특수 기호가 꼭 들어가야 한다는 식으로요. 이러한 제한이 없더라도 적어도 8자 이상의 영문자(대문자와 소문자)와 숫자를 섞어서 정하는 게 좋아요. 마침표, 인용 부호, 괄호와 같은 특수 기호를 추가해도 좋고요.

문제는 비밀번호를 외우는 일이에요. 각 SNS마다 비밀번호를 다르게 설정한다면 더더욱 외우기가 쉽지 않을 거예요. 그렇다고 각기 다른 SNS에 같은 비밀번호를 쓰는 것도 좋은 방법이 아니에요! 이럴 때는 비밀번호를 메모해 둬요. 물론 비밀번호를 그대로 다 적어 놓으면 안 되겠죠? 키워드를 적어 두거나, 앞 글자만 적어서 기억을 떠올리는 데 도움을 받아요. 예를 들어 비밀번호가 'grre!13'이라면 'g!13'으로 적어 놓는 거예요.

계정

어떤 인터넷 시스템을 이용할 수 있다는 표시로 개인에게 주는 주소예요. 아이디와 패스워드를 정해 계정에 들어갈 수 있지요. 이렇게 계정에 들어가는 것을 '로그인', 계정에서 나오는 것을 '로그아웃'이라고 해요.

웹브라우저에는 여러분의 비밀번호를 저장하지 말아요. 누군가 여러분의 컴퓨터나 스마트폰을 이용할 경우, 비밀번호를 입력하지 않아도 여러분의 **계정**을 쉽게 열어 볼 수 있으니까요!

비밀번호를 문장으로 설정해요

비밀번호를 문장으로 설정하면 비밀번호가 길어서 해킹을 당할 우려가 적고, 특수 기호를 쓴 비밀번호보다 기억하기도 쉬워요! 하지만 다른 사람이 쉽게 유추할 수 있는 책 제목이나 유명한 광고 문구 등을 비밀번호로 쓰려면, 철자나 문장의 순서를 바꾸거나 특수 기호를 추가해서 만드는 게 좋아요! 예를 들어 《사과가 쿵!》을 활용해 '쿵! 사과가'로 짓는 식이지요.

SNS를 이용하다 범죄를 당할 수 있어요?

SNS에서는 아는 사람과도 소통하지만, 실제로 본 적 없는 사람과도 서로 관계를 맺고, 정보를 주고받는 경우가 많아요. 그런데 이 과정에서 위험한 상황이나 범죄에 노출될 수 있어요. 어떤 유형의 범죄가 일어날 수 있는지 살펴봐요.

SNS 계정 사칭과 도용(누군가 여러분인 체하는 거예요)

누군가가 여러분의 개인 정보를 훔쳐서 계정을 만들고, 여러분인 척하며 활동할 수 있어요. 해킹이나 **피싱**으로 여러분의 계정을 훔친 다음 아이디와 비밀번호를 바꿔 버리는 경우도 있지요. 그러면 여러분은 여러분의 계정에 접속할 수 없어요. 범죄자들이 여러분인 척하며 여러분의 친구들에게 접근해 돈을 뜯어내는 경우도 있어요. 또 사이버 해적은 훔친 SNS에 바이러스가 감염된 사이트를 연결하여 더 큰 피해를 입히기도 한답니다.

피싱
금융 기관의 웹사이트나 금융 기관에서 보내 온 전자 우편과 비슷하게 꾸며서 개인의 인증 번호나 계좌 정보 등을 빼내는 범죄 행위예요.

사이버 괴롭힘

SNS를 이용하는 누군가가 악착같이 따라다니면서 망신을 주고, 욕하고, 위협하며 괴롭히는 거예요. 사이버상의 괴롭힘이 실생활의 괴롭힘과 다른 점은 누구나 볼 수 있도록 공개적으로 벌어진다는 점이에요. 실생활에서는 내 주위 사람들만 내가 괴롭힘을 당한다는 사실을 알지만, 사이버상에서는 나를 전혀 모르는 사람도 그 사실을 알 수 있어요.

가해자는 컴퓨터 화면 뒤에 숨어 있어서 피해자의 분노와 고통에 대해 무감각할지도 몰라요. 그래서 사이버 괴롭힘은 현실에서보다 더 큰 비극을 불러올 수 있어요.

혹시 사이버상에서 괴롭힘을 당하고 있다면, 당장 부모님에게 말하고, 해당 글을 캡쳐해 놔야 해요!

소아성애자

SNS는 어린이에게 성적 관심을 갖거나 어린이를 대상으로 성범죄를 저지르는 소아성애자들의 새로운 사냥터가 되고 있어요. 인터넷에서도 실생활에서처럼 수상한 사람을 만날 위험이 높아요.

컴퓨터 화면이 가로막고 있으니까 더 안전할 것 같다고요? 한번 생각해 봐요. 여러분이 SNS에서 친구를 맺고, 얘기를 나누는 사람이 과연 여러분이 본 프로필과 같은 사람일지 말이에요. 그건 알 수 없어요. 소아성애자는 이 점을 이용해 12세 남자아이인 척 말을 걸면서 또래 남자아이에게 접근해 웹캠(인터넷상에서 사용할 수 있는 소형 캠코더) 앞에서 옷을 벗게 하거나 만나자고 유혹하기도 해요.

SNS에서 범죄에 시달린다면?

사이버 괴롭힘에 시달리고 있거나, 소아성애자를 만나 위험한 상황에 처했다면 어떻게 해야 할까요? 이런 문제는 혼자서 해결할 수 없어요. 바로 부모님께 알려야 하지요. 욕설이나 괴롭힘을 당한 화면은 꼭 캡쳐해 둬요. 만약 부모님께 알리는 게 두렵다면 '안전드림117' 센터를 이용해요. 학교 전담 경찰관이 상담해 줄 거예요. 직접 상담하기가 힘들 때 '#0117'로 문자를 보내면 문자로 상담할 수 있답니다.

어떻게 하면 SNS에서 당하는 범죄 피해를 예방할 수 있을까요?

간단한 규칙을 지키면 돼요. 이건 아동·청소년뿐 아니라 어른에게도 해당해요.

개인 정보

- 최소한의 것만 공개해요. 집 주소, 휴대 전화 번호나 전자 우편 주소는 함부로 공개하지 말아요.
- 비밀번호를 잘 설정해요. 해킹을 당하지 않도록 어렵게 만들되, 기억하기 좋게 만들어요. 이렇게 만든 비밀번호는 절대 아무에게도

알려 주면 안 돼요! **절대로요!**

- 페이스북에 게시물을 올릴 때 게시물 공개 대상을 '**친구만**'으로 설정하고, 되도록 '**전체 공개**'는 하지 말아요. 다른 SNS에서도 마찬가지예요.
- SNS를 하지 않을 때는 로그아웃을 하는 게 좋아요. 특히 다른 사람과 함께 쓰는 컴퓨터에서는 반드시 로그아웃을 해요.
- 친구 요청이 들어오면 신중하게 생각하고 받아 줘요. 되도록 여러분이 아는 사람들만 친구 신청을 받아 주는 게 좋아요. 친구 수를 늘리려고 잘 모르는 사람과 친구를 맺을 필요는 없어요. 누가 친구가 더 많은지 경쟁하는 게 아니니까요!

게시물

게시물은 여러분 마음대로 올릴 수 있어요. 하지만 아래 규칙을 따르는 게 좋아요.

- 누구에게나 표현의 자유가 있어요. 그렇다고 비방이나 욕설을 해도 되는 건 아니에요. 예를 들어 인종 차별의 말이나 욕을 해서는 안 돼요.
- 저작권을 존중해요. 여러분이 작성하지 않은 남의 글이나 사진, 동영상을 게시하려면, 반드시 만든 사람의 동의를 얻어야 해요. 경우

에 따라서는 저작권 사용료를 지불해야 하지요.
- 초상권을 지켜야 해요. 다른 사람의 사진이나 동영상을 올릴 때는 사진이나 영상 속 사람에게 허락을 받아야 해요.

저작권과 초상권이 뭐예요?

글, 미술, 영화, 음악, 컴퓨터 프로그램 등의 저작물을 만든 사람이 저작물을 판매하거나 배포할 권리를 가지는데, 이 권리를 저작권이라고 해요. 창작자의 동의 없이 저작물을 이용하거나 배포하는 것은 저작권법을 어기는 일이지요.

초상권은 자기의 얼굴이나, 누가 보아도 '나'임을 알 수 있는 신체적 특징이 함부로 촬영되거나, 그려지거나, 돈을 버는 데 이용되지 않을 권리예요. 따라서 동의 없이 다른 사람의 얼굴이 나온 사진이나 영상을 함부로 사용하면 초상권을 어긴 것이므로 법에 따라 처벌받을 수 있답니다.

SNS에 뭐든지 다 게시해도 되나요?

아니요! 우리나라는 법으로 표현의 자유를 보장하고 있어요. 하지만 명예 훼손의 우려가 있는 내용을 함부로 게시해서는 안 돼요. 만약 여러분이 SNS에 모욕적인 발언(학교 선생님이나 친구를 비방하는 말)이나 중상모략(사실이 아닌데 친구가 시험 볼 때 컨닝을 했다고 근거 없이 소문을 퍼뜨리는 일)을 하면, 여러분(혹은 미성년자인 여러분을 대신한 부모님이나 보호자)은 법에 따라 처벌을 받아요. 또한 만든 사람의 동의 없이 글이나 이미지, 동영상을 게시하는 것도 법에 따라 처벌받을 수 있지요.

법적인 문제를 떠나서도 SNS에 글을 쓸 때는 신중해야 해요. 여러분이 게시하려는 내용이 지금 혹은 몇 년 뒤에도 문제가 되지 않을지 고민해 봐야 하지요. 인터넷상에 올린 게시물은 완전히 삭제하기가 어렵기 때문이에요.

이 사진을 보니, 당신은 목동이 될 자격이 없군요!

게시물을 올리기 전에 스스로에게 물어봐요. 이 글을 부모님이나 선생님이 본다면 어떨지 말이에요. 친구나 아는 사람에게 피해가 가지 않을지도 생각해 봐요.

어떤 SNS는 친구 목록에서 여러분이 선택한 사람에게만 게시물을 보여 주도록 되어 있어요. 난처한 일을 겪지 않으려면, 누구에게 해당 게시물을 보여 줄지도 잘 설정해야 해요.

여러분이 게시물을 공개한 친구여도 영원히 믿을 수 있는 것은 아니에요. 몇 년 뒤에 그 친구와 싸웠는데, 그 친구가 여러분이 올린 게시물을 복수에 악용할지 누가 알아요? **그러니까 게시물을 올리기 전에 잘 생각해야 해요!**

프로필을 설정할 때 주의해요!

프로필은 모든 사람이 다 볼 수 있도록 설정할 수도 있고, 몇몇만 볼 수 있도록 제한할 수도 있어요. 만약 프로필을 '전체 공개'로 설정하면 다른 사람들이 프로필에 사용한 여러분의 사진을 다운로드하여 페이스북이나 다른 SNS에 공유하는 것을 허락하는 셈이에요. 또 프로필 내용을 페이스북 외에 온라인 검색 엔진이나 TV에 노출하는 것도 허락한다는 뜻이지요. 따라서 프로필이나 콘텐츠를 '전체 공개'로 설정하는 데에는 몹시 신중해야 한답니다.

SNS에 있는 말을 다 믿어도 되나요?

아니요, 안 돼요! 대부분의 사람들은 SNS에 자신의 좋은 모습만 보여 주려고 해요. 그래서 잘 나온 사진만 올리고, 자신을 돋보이게 하는 이야기만 쓰지요. 자신을 희화화하는 것도 단지 웃음을 주고 반응을 끌기 위해서예요. 왜 그럴까요? 누구나 인정받고 싶은 욕구가 있기 때문이에요. '좋아요'를 받기 위해서 자신의 삶을 현실보다 멋지게 꾸며 내는 거지요.

사회 문제에 대해 얘기할 때도 대체로 개인적인 의견을 이야기해요. 견해가 다른 사람들끼리 감정싸움을 벌이기도 하고, 어떤 주제에 대해서는 전문가도 아니면서 전문가인 양 얘기하기도 하지요. 이러한 의견은 정설이 아니기 때문에 모두 사실로 받아들이면 안 돼요. 내 생각을 결정할 때 참고하는 정도가 좋아요.

SNS에서는 **루머**가 잘 돌아요. 학교 친구나 선생님에 대한 루머는 빠르게 퍼지고, 때로는 끔찍한 피해를 몰고 와요. 하지만 이런 루머들은 대개 근거가 없거나 일부만 사실인 경우가 많아요. 그래서 정확하지 않은 이야기에는 댓글을 달거나 공유하지 말고, 사실을 잘 알아봐야 해요.

> **루머**
> 진실 여부에 관계없이 사람들의 입을 오르내리며 빠르게 퍼져 나가는 소문을 말해요. 한 번 퍼지기 시작한 루머는 그 과정에서 출처가 모호해지고, 내용이 더욱 과장되기도 해요. 때문에 루머의 당사자가 큰 피해를 입지요.

친구들과 관계를 맺는 데 쓰던 SNS는 점점 발전하여 언론의 역할까지 해요. 사람들이 SNS를 통해 다양한 정보들을 공유하기 때문이지요. 사고가 일어나면 현장에 있던 사람들이 언론사 기자보다 더 발 빠르게 현장 사진을 올려 상황을 전해요. 억울한 일이 생기면 SNS를 통해 그 사실을 알리고 여론을 형성하기도 하지요. 그러나 이러한 정보 중에는 사실이 아닌 것도 있으니 유의해야 한답니다.

일반적으로 SNS 이용자들은 파격적인 이야기를 좋아해요. 도무지 믿기지 않는 이야기, 불쾌하기 짝이 없는 이야기를 출처도 알아보지 않은 채 퍼뜨리고 싶어 하지요. 하지만 이런 이야기들은 누군가 고의로 조작한 '가짜 뉴스'인 경우도 있어요. 영어로 혹스(hoax, 거짓말, 장난질-옮긴이)라고 해요. 가짜 바이러스 경보, 가짜 약속, 깜빡 속을 수밖에 없도록 짜 맞춘 합성 사진이나 과학적으로 근거가 없는 기사도 있어요. 이러한 '혹스'가 SNS를 오염시켜요. 그래서 조금이라도 의심이 가는 이야기를 접하면, 아래의 사항들을 적용하여 가짜 뉴스인지 아닌지 생각해 봐요.

언론사를 살펴봐요

신뢰할 만한 언론사에서 발행한 뉴스인지 점검해요. 대부분의 가짜 뉴스는 기존의 언론사와 비슷한 이름과 홈페이지 주소를 사용하여 사람들이 착각하도록 만들어요.

제목뿐 아니라 본문도 읽어요

본문에 가짜 뉴스임을 알아볼 수 있는 다양한 징후들이 있어요. 예를 들어 올바르지 않은 출처, 처음 보는 매체 이름 같은 것들이요. 하지만 몇몇 사람들은 제목만 읽고 그대로 믿기도 해요. 사람들의 이목을 끌기 위해 일부러 자극적인 제목을 골랐을지도 모르니 본문까지 모두 살펴 봐요.

기자 이름을 확인해요

기사를 작성한 기자가 해당 언론사에서 진짜로 일하는지 확인해요. 언론사 홈페이지나, 지금까지 작성한 기사를 검색해 보면 쉽게 확인할 수 있어요.

근거가 무엇인지 확인해요

기사에 인용한 자료의 출처가 정확한지 확인해요. 가짜 뉴스를 만드는 사람이 인용한 자료는 가짜인 경우가 많답니다.

날짜를 확인해요

오래전에 일어났던 일을 현재의 사건과 관련이 있는 것처럼 주장하기도 해요. 따라서 인용된 기사의 날짜를 꼼꼼히 확인하는 게 중요해요.

풍자인지 확인해요

독자들을 끌어들이기 위해 풍자의 형식을 사용하는 경우도 있어요. 기사의 내용이 풍자인지 사실인지 구별할 줄 알아야 해요.

확증편향을 인정해요

확증편향은 자신이 믿는 바를 확인해 주는 정보에 더 많은 관심을 쏟는 현상이에요. 혹시 내가 믿고 싶은 대로 보고 있지는 않은지 생각해 봐요.

전문가에게 물어봐요

독자가 직접 기사의 사실 여부를 가리기란 쉬운 일이 아니에요. 그러므로 신뢰할 만한 전문가에게 사실을 물어보는 게 좋아요.

– 출처: 국제도서관연맹, 〈가짜 뉴스 식별법〉

타이타닉호 생존자의 셀피(1912)

SNS에는 아무 사진이나 올리면 안 돼요?

그럼요, 안 돼요! 내가 찍은 사진은 물론이고 다른 사람이 찍은 사진도 안 돼요. 앞서도 말했지만, 사진은 저작권법의 보호를 받아요. 저작자가 저작권을 포기하거나, 저작자가 사망한 후 70년까지인 저작권 보호 기간이 지났거나, 법에서 저작권이 소멸되었다고 정한 저작물이 아닌

이 사진은 SNS에 올리지 말도록!

경우, 사진을 게시하려면 사진을 찍은 사람의 허락을 받아야 해요. 그리고 반드시 사진의 출처를 밝혀야 하지요.

  여러분이 찍은 사진이라도 마음대로 게시해서는 안 돼요. 사진에 찍힌 사람에게 꼭 허락을 구해야 하지요. 초상권이 있으니까요. 사진이 잘 나왔는지는 여러분이 판단할 일이 아니에요. 아마 여러분도 다른 사람이 여러분의 사진을 찍은 경우 여러분에게 동의를 구하고 SNS에 올리길 바랄 거예요. 한번 인터넷상에 올라가면 빠르게 퍼지고, 어떻게 사용될지 짐작하기 어려우니까요. 이렇게 예방하고 조심할수록 곤란한 상황을 겪는 일이 줄어들 거예요!

  만약 여러분이 SNS에 사진을 올렸는데, 사진에 찍힌 사람이 사진이 마음에 들지 않는다며 지워 달라고 요구하면 어떻게 해야 할까요? 이때는 당연히 사진을 지워야 해요. 마찬가지로 여러분도 다른 사람의 SNS에 게시된 여러분의 사진을 내려 달라고 말할 수 있어요.

그런데 만약 충격적인 사진을 보게 되면 어떡해요?

SNS에서 어른들과 친구를 맺으면, 폭력적이거나 선정적인 콘텐츠를 보게 될 위험이 있어요. 이러한 이미지는 어린이가 보기에 부적절하지요.

모르는 사람과 친구를 맺을수록 부적절한 콘텐츠를 접할 확률이 더욱 높아져요. 이러한 콘텐츠를 올리는 계정은 선정적인 콘텐츠를 생산하는 사이트에서 사람들을 끌어모으기 위해 만든 **가짜 계정**일 수도 있지요.

> **가짜 계정**
> 실제로 존재하지 않는 사람이나, 유명인, 단체 등을 사칭하는 계정이에요. 유명인의 아이디와 비슷한 아이디를 사용하거나 기업의 이름을 도용하여 비슷한 이름으로 계정을 만드는 식이지요.

아는 사람의 계정이더라도 해킹을 당해 불법적이거나 유해한 게시물이 올라오는 경우도 있어요.

그런데 가끔 일부 청소년이 관심을 끌기 위해 자신들이 목격하거나 직접 성적인 장난이나 폭력적인 상황에 가담하여 찍은 영상을 공유하기도 해요.

SNS상에서 폭력적이거나 어린이에게 성에 대한 잘못된 인식을 심어 줄 수 있는 이미지를 보게 되면, 관련 내용을 부모님이나 선생님 등 믿을 만한 어른에게 알려요.

SNS를 운영하는 회사에 이러한 이미지를 게시한 계정을 고발하고, 친구 목록에서 해당 계정을 차단하는 것도 좋은 방법이에요.

이모티콘은 그저 예쁘게 보이기 위해 쓰나요?

당연히 아니에요! 이모티콘은 얼굴 표정이나 목소리 톤을 문자로 표현해 글을 적는 사람의 감정을 쉽게 전달해 줘요. 그래서 이모티콘을 적절하게 쓰면, 대화 분위기가 부드럽지요.

이모티콘은 문자나 기호, 숫자를 조합해서 표시해 왔어요. 눈은 쌍점(:), 코는 줄표(-), 입은 소괄호(웃는 표정은 닫는 괄호()), 슬픈 표정은 여는 괄호(()) 같은 식이지요. 요즘에는 대체로 얼굴 모양이나 하트와 같은 그림 이미지나 움직이는 이미지(GIF)를 써요. 문자나 숫자의 조합이 아닌 그림 이모티콘을 '이모지'라고 불러요. 이모지는 그림과 문자를 뜻하는 일본어를 합친 말이에요. 기존 이모티콘보다 종류가 많고, 애플, 구글 등의 휴대 전화나 앱에서 사용할 수 있게 되면서 전 세계로 퍼졌어요.

카카오톡과 같은 모바일 메신저나 블로그 등에 글을 쓸 때도 다양한 이모티콘을 사용해요. 이모티콘은 무료로 쓸 수도 있고, 돈을 주고 구입할 수도 있어요.

> 동양인들은 눈, 서양인들은 입으로 감정을 표현해요.
> - 서양인들이 자주 쓰는 이모티콘
>   :) :(:D :P
> - 동양인들이 자주 쓰는 이모티콘
>   ^_^ -_- >_< x_x

17 사진에 자기 혼자 나와야 셀피인가요?

셀피

자신의 모습을 직접 찍은 사진을 의미하는 단어예요. 주로 카메라나 스마트폰을 든 채 팔을 쭉 뻗어 촬영하지요. 2013년 옥스퍼드 사전 편집진은 올해의 단어로 '셀피'를 뽑았어요. 옥스퍼드 사전의 언어 조사 프로그램으로 인터넷 등에서 수집한 '셀피'라는 단어가 매달 약 1억 5천만 개에 달했다고 해요. 우리나라에서는 '셀프 카메라'라는 뜻의 '셀카'를 더 많이 사용해요.

꼭 그렇지는 않아요! 엄밀한 의미에서 **셀피**는 여러분이 여러분의 스마트폰으로 여러분을 찍어서 여러분의 SNS에 올리는 **자화상**을 말해요. 여러분이 어느 장소에 갔는지, 그 순간의 기분이 어땠는지를 잘 보여 주지요. 하지만 스타와 함께 찍거나 친한 친구들과 찍은 사진도 셀피라고 불러요.

셀피는 2000년대 후반부터 유행했어요. 성능 좋은 카메라가 달린 스마트폰이 널리 보급되면서 사진을 손쉽게 찍을 수 있게 되었기 때문이지요. 페이스북이나 인스타그램, 스냅챗에 사진을 게시하고 공유하면서부터 더욱 인기가 높아졌어요.

시대에 따라 셀피를 잘 찍는 방법도 달라요. 어떤 때는 오리 주둥이처럼 입을 내미는 게 유행하다가 또 어떤 때는 혀를 쭉 내미는 게 유행했지요.

몇몇 전문가들은 셀피를 자아도취적인 감정 때문에 나타나는 행동이라고 봐요. 자기 자신의 모습을 지나치게 좋아하는 데서 비롯되었다는 것이지요.

셀피가 보편화되면서 사람들은 잠에서 막 깬 모습이나 우스꽝스러운 표정도 곧잘 찍어요. 그런데 이런 사진이 언젠가 놀림거리가 될 수 있다는 생각은 하지 못해요! 그러니 셀피를 찍고 SNS에 올릴 때에도 조심해야 한답니다.

나의 가장 멋진 여행

2011년 에펠 탑에서 　　2013년 타지마할에서 　　2015년 자유의 여신상에서

내 사이버 평판은 좋을까요?

사이버 평판은 **네티즌**이 인터넷에 있는 여러분의 정보를 보고 판단한 여러분의 이미지를 말해요. 당연히 사이버 **정체성** 즉, 여러분이 여러 SNS에 프로필을 만들면서 자신을 소개한 내용과 연결되지요. 그뿐만 아니라 여러분이 활동한 모든 것과도 연관이 있어요. 여러분이 음악 스트리밍 서비스에서 고른 음악이나 포스팅한 영상, 혹은 유튜브에서 '좋아요'를 누른 게시물, 인스타그램에서 팔로잉한 사람들의 성향 등을 통해 여러분의 사이버 정체성이 드러나지요.

여러분의 사이버 평판은 여러분이 만들어 가는 것이지만 여러분의 의도와 달리 평판이 나빠질 수도 있어요. 여러분의 친구 또는 여러분을 아는 사람들이 여러분에 대해 게시한 내용들도 여러분의 평판에 영향을 미치기 때문이지요.

다른 사람들이 여러분을 언급한 '포스트', 여러분이 '태그'된 사진, 다른 사람들과 나눈 '댓글' 등도 여러분의 사이버 평판에 영향을 줘요. 이

네티즌
통신망을 뜻하는 네트워크와 시민을 뜻하는 시티즌을 합친 말이에요. 인터넷상에서 활동하는 사람으로, 인터넷 커뮤니티에 가입해 의견을 나누고 뉴스 기사에 댓글을 달지요. 이들은 가상의 세계에서 활동하지만 서로 의사소통을 하며 문화를 만들어 간답니다.

정체성
다른 사람과 자기 자신을 구분해 주는 것을 말해요. 정체성은 내가 다른 사람과 다른 하나의 존재라는 것을 인식하는 것에서 시작돼요. 그리고 다른 사람들을 통해 자신의 개성이나 취향을 발견해 나가면서 확고해지지요.

러한 평판은 여러분이 관리할 수 없어요.

사람들은 이 모든 정보를 종합하여 여러분에 대한 이미지를 갖게 돼요. 여러분과 관련 있는 사이버상의 여러 콘텐츠들이 여러분이 갖고 싶어 하는 이미시와 일치힐 수도 있지만 꼭 그렇지 않을 수도 있어요.

여러분의 사이버 평판을 알고 싶으면, 구글에 여러분의 이름이나 자주 사용하는 아이디를 검색해 봐요. 내가 쓴 글이나 내가 언급된 글을 확인할 수 있어요. 이 글들을 통해 자신의 사이버 평판을 가늠할 수 있답니다.

사이버 평판 관리사?

미래에는 개인의 사이버 평판을 관리해 주는 사이버 평판 관리사가 인기 직업이 될지도 몰라요. 사이버 평판 관리사는 인터넷에 떠도는 나쁜 평들을 삭제해 주고 긍정적인 이미지를 가질 수 있도록 여러 게시물들을 관리해 주는 일을 하지요. 개인 뿐만 아니라 기업들도 사이버 평판 관리사의 관리를 원할 거예요! 기업은 좋은 이미지를 만드는 게 더욱 중요하니까요!

스타의 SNS에도 접속할 수 있나요?

그럼요. 여러분이 좋아하는 스타가 쓰는 SNS 계정을 구독하거나 페이스북 '팬페이지'의 '좋아요'를 누르면 돼요. 그러나 스타들이 여러분의 계정을 구독하고, 여러분의 게시물에 '좋아요'를 누르거나, 댓글을 달 거라는 희망은 갖지 않는 게 좋아요! 설령 스타들이 그렇게 하고 싶다고 해도 수천만 명의 구독자나 팬들에게 일일이 답을 하는 건 거의 불가능하니까요.

스타가 속한 소속사에서는 '커뮤니티 매니저'를 두고 스타의 SNS를 대신 운영하기도 해요. 스타들의 이미지를 관리하고, 게시물을 대신 올리지요. 하지만 케이티 페리(미국의 가수로, 재미있는 사진과 동영상을 트위터에 공유하며 팬들과 소통하는 것으로 유명함. 2015년 가장 많은 트위터 팔로워를 보유한 인물로 기네스북에 등재됨-옮긴이)처럼 스타가 직접 SNS에서 팬들과 소통하면 더 큰 인기를 끌 수 있어요.

SNS는 스타가 팬과 직접 소통할 수 있는 환상적인 수단이에요. 자신의 근황이나 소식(앞으로 할 콘서트, 준비 중인 앨범, 팬 사인회 일정 등)을 알리거나 자신에 관한 긍정적인 기사를 공유해 자랑하기도 해요. 어떤 스타들은 팬들에게 비밀이 없어요. 자신의 부엌, 침실 등 사적인 공간까지 사진이나 동영상으로 찍어 SNS에 공개하지요.

수백만 명의 구독자를 거느린 스타들의 SNS는 어마어마한 마케팅 효과를 몰고 와요. 그래서 광고주들은 스타들에게 수많은 제안을 하지요. 축구 선수 크리스티아누 호날두는 자신의 트위터에 향수 광고를 올려 약 3억 원을 벌었어요!

　SNS에서는 새로운 스타들이 탄생하기도 해요. 대중에게 인지도가 없던 무명 가수가 SNS에 노래하는 모습을 올려 수많은 사람들의 관심을 끌기도 하고, 일반인이 올린 그림이나 만화가 큰 인기를 얻어 책으로 출간되기도 하지요. 이처럼 SNS를 잘 이용하면 생각지 못한 기회를 얻을 수도 있어요!

SNS에 중독되지 않으려면 어떻게 해야 하나요?

눈을 뜨자마자 SNS를 확인하고, 무슨 일을 하든 현재 상황을 SNS에 계속 올리고, 새로운 소식이 없는데도 SNS를 들여다보고 있다면, SNS 중독이 아닌지 의심해 봐야 해요. SNS에 중독된 사람들은 틈만 나면 SNS에 접속해요. SNS를 하지 않으면 불안해하고 다른 일에 집중을 못하지요. SNS에 중독되면 일상생활을 제대로 하기 어려워요. 실생활에 도움을 얻기 위해 SNS를 하는 것인데 말이지요.

SNS에 중독되지 않으려면 정해진 시간에만 SNS를 이용하는 것이 좋아요. 또 댓글 알림을 꺼 놓아요. 수시로 알림이 울리면 쉽게 유혹을 떨

SNS 피로증후군?

SNS 이용자가 늘어날수록 SNS 때문에 피로를 느끼는 사람들도 크게 늘고 있어요. 너무 많은 정보가 쏟아져 정작 도움이 될 만한 정보를 가려내는 게 어렵고, 실제로는 전혀 소통이 없는 SNS 속 '가짜 인맥'을 관리하는 데에도 지친 것이지요. 이러한 사람들은 SNS 탈출을 시도해요. 가입되어 있는 SNS에서 탈퇴하고, 공개했던 자신의 정보를 비공개로 바꾸지요. 이들은 수많은 사람들과 인사치레를 나누는 것이 아니라, 마음을 터놓고 지낼 친구를 원했는지도 몰라요.

처 내기가 어려우니까요. 또 하루 정도는 SNS를 하지 않는 날로 정해요. SNS가 없어도 충분히 살 수 있다는 걸 깨달을 거예요.

SNS는 내가 어떤 사람인지 자랑하는 공간이 아니에요. SNS에서 다른 사람보다 돋보이려고 끊임없이 노력할 필요도 없지요. SNS의 본질인 '소통'과 '정보 공유'에 집중한다면 SNS가 더욱 유익할 거예요.

SNS 중독 자가 진단

질문에 1~5점까지 점수를 매겨 합산해 보세요.

① SNS를 사용하는 데 상당한 시간을 보낸다.
② 하루 30분 이상 SNS만 한다.
③ SNS 때문에 공부에 소홀한 적이 있다.
④ 중요한 일을 하다가도 SNS를 떠올린다.
⑤ SNS를 쓰지 못하면 초조하거나 짜증이 난다.
⑥ SNS에 올린 글의 반응을 수시로 확인하고 싶다.
⑦ SNS에 다른 사람이 올린 글 때문에 필요 이상으로 흥분한 적이 있다.
⑧ 실생활의 문제를 잊기 위해 SNS를 한다.
⑨ SNS를 그만하려고 했지만 실패한 적이 있다.
⑩ SNS 이용 시간을 조절하는 게 어렵다.

36점 이상 - 중독 단계   31~35점 - 가벼운 중독
26점~30점 - 이용 시간 조절 필요   25점 이하 - 안심

출처: 매경 이코노미 제1673호

페이스북은 어떻게 이용하나요?

페이스북은 하버드 대학교 학생이던 마크 저커버그가 2004년에 만들었어요. 처음에는 하버드 대학생들만 이용할 수 있었는데 입소문이 나고 이용자가 늘어나면서 개설한 지 두 달 만에 모든 아이비리그 사람들이 이용할 수 있게 되었지요. 현재는 세계 최대이자, 미국에서 가장 성공한 SNS로 자리매김했어요.

아이비리그
미국 동북부에 있는 8개의 명문 대학을 가리키는 말이에요. 하버드를 비롯해 예일, 펜실베니아, 프린스턴, 컬럼비아, 브라운, 다트머스, 코넬 대학이 속해 있어요.

페이스북은 2017년 6월을 기준으로, 월 사용자가 20억 명에 달해요. 전 세계인 4명 중 1명이 이용하는 셈이지요. 우리나라에는 2010년에 소개되었어요.

페이스북 사용자는 콘텐츠를 게시하고, 친구끼리 메시지를 주고받아요. 하지만 이런 서비스를 이용하려면 우선 페이스북에 가입해 로그인을 해야 해요. 로그인 후 여러 사람들과 친구를 맺으면 홈페이지에 친구들의 다양한 '상태'가 나와요.

상태가 뭐냐고요? 상태는 페이스북을 이용하는 사람들이 게시한 글이나 사진 등을 말해요. 이 상태는 계속해서 업데이트가 되는데, 상태가 업데이트되는 페이지를 뉴스피드라고 해요.

뉴스피드에 게시물을 게시한 사람의 이름을 클릭하면, 타임라인(담벼

락)이라고 부르는 게시자의 페이지로 이동해요. 그런데 여러분이 게시자의 친구인지 아닌지에 따라 볼 수 있는 게시물이 달라요. 게시자가 게시물의 공개 범위를 설정해 놓기 때문이에요.

누군가 여러분의 타임라인에 글을 남기거나, 여러분이 나온 사진을 태그하거나, 여러분의 게시물에 댓글을 남기면, 여러분에게 알림이 와요. 물론 알림이 울리지 않도록 설정할 수도 있답니다.

타임라인에 대해 더 자세히 알아볼까요? 페이스북 이용자는 자신의 타임라인에 글을 쓰고, 사진이나 동영상을 게시하고, 기사, 사진, 동영상 등의 링크를 공유할 수 있어요. 타임라인에 게시물을 올릴 때는 '전체 공개', '친구만', '특정 친구만 보기', '나만 보기'로 공개 범위를 설정할 수 있지요. 물론 이미 올린 게시물의 공개 범위를 수정할 수도 있어요.

그 밖에도 개인 메시지를 보내거나 페이스북에 접속 중인 친구와 채팅을 할 수 있어요. 또 이벤트에 초대하거나 반대로 초대를 받을 수 있고, 채팅 그룹에 참여하거나, '팬페이지'를 만드는 등 할 수 있는 기능이 다양해요.

페이스북의 아버지 마크 저커버그

2010년 미국의 한 잡지에서 설문 조사를 한 결과 정보화 시대에 가장 영향력 있는 인물 1위로 마크 저커버그가 선정되었어요. 같은 해 타임지가 뽑은 올해의 인물로도 뽑혔지요. 마크 저커버그는 중학생 때부터 프로그램을 만드는 법을 배웠어요. 고등학생 때는 인공 지능을 사용한 미디어 플레이어를 제작하기도 했지요. 첫째 딸의 출산을 기념해 자선 단체를 설립하고, 자신의 재산 대부분을 사회에 환원하겠다고 밝히며, 질병 퇴치를 위한 연구에 기부했어요. 저커버거는 앞으로 페이스북을 재미가 아닌 사람들의 복지와 사회 발전에 도움이 되는 방향으로 운영할 것이라고 밝혔어요.

22 페이스북에서는 쉽게 친구를 사귈 수 있나요?

물론이에요! 이보다 쉬울 수 없답니다. 페이스북 계정을 만든 뒤, 페이스북 검색 창에 친구의 이름이나 전화번호 혹은 전자 우편 주소를 입력하여 친구를 찾은 뒤 친구 요청을 보내면 돼요. 물론 친구가 가명이 아닌 실명으로 페이스북을 이용해야 하고 여러분의 친구 요청을 수락해야 돼요.

페이스북은 여러분의 친구일 수도 있는 사람들을 알려 줘요. 그중에 여러분의 친구가 있으면 '친구 추가'를 클릭하면 돼요.

여러분도 친구 요청을 받을 수 있어요. 친구로 추가하고 싶으면 '확인'을, 그렇지 않으면 '삭제'를 누르면 되지요.

전 세계 페이스북 이용자들의 평균 친구 수는 130명이에요. 그중 자주 연락하는 친구는 4~7명 정도라고 하네요.

그런데 이때 여러분이 아는 사람만 친구로 받는 게 좋아요. 그래야 나쁜 사람들과 마주치지 않고, 여러분의 페이스북을 악의적으로 이용하려는 사람들을 피할 수 있어요.

페이스북 친구 목록에 친구가 너무 많으면, '친구 끊기'를 눌러서 삭제해요. 친구 끊기를 해도 상대방에게는 알려지지 않아요. 다만 여러분의 친구 목록에서 상대방의 이름이 사라지고, 상대방의 목록에서도 여러분의 이름이 사라질 뿐이에요.

모르는 사람과 친구를 맺었다면 그 사람에게도 여러분의 친한 친구에게 하듯 게시물을 똑같이 공개할지 고민해 봐요. 페이스북에는 이 같은 상황에 사용하도록 일부 친구에게만 게시물을 공개하는 기능이 있어요. **친구 목록**을 만드는 거예요. '제외할 친구'를 눌러 게시물을 공개하지 않을 사람을 선택하거나 '특정 친구'를 눌러 게시물을 공개할 친구들을 선택하면 되지요. 게시물을 올릴 때 '모든 친구들'이 읽기에 너무 개인적인 내용이면, 공개 범위를 제한하는 게 좋아요.

이따금 SNS에서 누가 친구가 많은지 경쟁을 벌이곤 해요. 친구가 많을수록 인기가 많다고 생각하니까요. 하지만 친구가 많은 사람의 친구인 게 기분 좋은 일일까요? 우정에서 중요한 것은 친구가 얼마나 많은지가 아니라 친구와 얼마나 친밀한가예요.

23 '좋아요'는 왜 눌러요?

상대방을 기분 좋게 하고, 자신도 기분 좋기 위해서일 거예요! 무엇을 좋아한다고 말하거나 누군가를 격려하는 것은 좋은 일이에요. 게다가 돈도 들지 않아요. 그저 '좋아요'만 누르면 되지요. 그런데 정말 좋아하는 감정이 있어서 '좋아요'를 누르는 걸까요? 그건 확실하지 않아요! 대체로 사람들은 아무것에나 '좋아요'를 누르는 경향이 있어요. 익살스러운 사진, 책 표지 혹은 사회적인 이슈를 다룬 다양한 게시물에 공감하면, '좋

아요'를 눌러요. 기분에 따라 '최고예요', '웃겨요', '멋져요', '슬퍼요', '화나요' 버튼을 누르기도 하지요.

　게시물에는 몇 명이 '좋아요'를 눌렀는지 표시돼요. '좋아요'가 많으면 인기가 많은 것 같아 '좋아요'의 수를 늘리려고 경쟁해요. '좋아요'를 많이 받으려고 멋지고, 재미있고, 다재다능한 사람처럼 꾸며 전략적으로 게시물을 올리기도 하지요. 또 남과 비교하며 자책하기도 해요. '왜 나는 남들보다 '좋아요'의 수가 적을까?' 하고 말이에요. 그래서 셀피를 찍을 때, 머리 모양을 바꾸거나 다이어트를 하는 등 신경을 써요! 하지만 '좋아요'의 수로 그 사람의 가치를 판단할 수는 없어요. SNS에 드러나는 모습은 그 사람의 일부이기 때문이지요. 사람의 가치는 오직 본인과 그를 아주 잘 아는 사람들만이 판단할 수 있어요. 그러니 '좋아요'에 너무 신경 쓰지 않아도 된답니다.

'좋아요' 버튼의 또 다른 기능

'좋아요'는 단순히 인기의 척도를 나타내는 게 아니에요. 여러분이 어떤 게시물에 '좋아요'를 누르면, 그 게시물을 올린 게시자의 다른 게시물도 여러분의 타임라인에 보이지요. 또 여러분 친구들의 타임라인에도 여러분이 '좋아요'를 누른 게시물이 보여요. 이처럼 '좋아요'는 콘텐츠를 널리 퍼뜨리는 기능을 한답니다.

24 트위터는 어떻게 작동해요?

트위터는 2006년 미국에서 처음 시작된 마이크로 블로그예요. 우리나라에서는 2011년 정식으로 서비스를 시작했으며, 2017년 기준 월 이용자 수가 3억 2천 8백만 명에 달해요.

트위터의 가장 큰 특징은 '트윗'이라는 단문 메시지(한글 최대 140자, 영문 최대 280자)를 무료로 이용할 수 있다는 점이에요.

트위터에 회원 가입을 할 때는 아이디를 정해야 해요. 아이디는 한글이 아닌 영문으로 써야 하고 '@****' 형식이에요. 글자 수는 되도록 적은 게 좋지요.

프로필 사진도 설정할 수 있어요. 프로필 사진이 없으면 활발하게 활동하지 않는 것으로 여겨져 구독자가 늘어나지 않아요. 프로필 사진은

> 날 잡아먹겠다고?
> 하하, 넌 참 웃기는
> 소리를 하는구나!
> 트위터에 올려야지!

꼭 여러분의 사진이 아니어도 돼요. 아바타로 재밌게 표현해도 되지요. 프로필에는 여러분의 소개 글도 쓸 수 있어요. 내가 누구인지, 무엇에 관심이 많은지 쓰면 된답니다. 다만 최대 160자를 넘을 수 없어요.

홈페이지에는 이미 트위터를 이용하는 사람(친구, 블로거, 스타)들의 트윗이 보여요. 이 홈페이지를 **타임라인**이라고 해요. 타임라인에 있는 트윗은 여러분이 타임라인을 열 때마다 업그레이드 돼요.

내가 원하는 사람의 트윗을 내 타임라인에서 보고 싶다면, 먼저 그 사람의 계정을 **팔로우**해야 해요. 팔로우는 앞으로 해당 사용자가 올리는 글을 내 타임라인에서 보겠다는 뜻으로, 트위터 사용자 이름 옆에 있는 '팔로우' 버튼을 클릭하면 돼요. 트위터는 상대방이 허락하지 않아도 사용자를 팔로우할 수 있어요. 또 이 팔로우는 언제든지 취소할 수 있지요.

팔로잉은 내가 팔로우하고 있는 사람이에요. 나를 팔로우하는 사람은 **팔로워**라고 해요. 내 팔로워를 늘리고 싶다면 여러분의 트위터 계정에 사람들이 관심 가질 만한 내용의 트윗을 게시해야 해요.

여러분은 **리트윗(RT)**도 할 수 있어요. 리트윗은 다른 사람의 트윗을 그대로 내 계정으로 다시 트윗하는 거예요. 그러니까 여러분이 구독하는 흥미로운 트윗을 여러분의 트윗을 구독하는 구독자들이 볼 수 있게 하는 것이지요. 여러분의 구독자들도 여러분의 리트윗을 다시 리트윗할 수 있어요.

트위터는 공개와 비공개 설정만 있어요. 공개된 트윗은 누구나 볼 수 있고, 비공개된 트윗은 나를 팔로우하는 사람만 볼 수 있어요. 언론 매체들은 스타들이 공개한 트윗을 이용해서 기사를 쓰기도 한답니다.

세계적인 인기를 누리고 있는 아이돌 그룹 방탄소년단은 2017년 트위터에서 가장 많이 리트윗된 남성 그룹으로 기네스북에 올랐어요.

여론의 중심지, 트위터

미국의 대통령 트럼프는 한 언론사와 인터뷰를 하며 '트위터가 없었다면 내가 이 자리에 없었을 것'이라고 말했어요. 4천 7백만 명에 달하는 팔로워를 보유한 트럼프 대통령은 대선 기간 내내 트위터로 자신의 생각을 전하며 상대 후보보다 더 많은 여론을 만들었고, 그 힘으로 대통령에 당선되었지요.

성폭력 피해를 고백하며 '미투(Me too, 나도 그렇다)'라는 해시태그를 다는 '미투 운동'도 트위터를 시작으로 다른 SNS로 번졌어요. 한 할리우드 스타의 제안으로 처음 시작된 이 운동은 곧 전 세계로 퍼져 나갔고, 여성의 인권을 되돌아보는 계기가 되었지요. 이외에도 트위터를 비롯한 각종 SNS에서 형성된 여론과 이슈는 사회에 다양한 영향을 미치고 있답니다.

트윗은 어떻게 써요?

홈페이지에서 '깃털' 모양의 버튼을 누르거나 '무슨 일이 일어나고 있나요?' 칸에 커서를 옮겨서 글을 쓰면 돼요.

한 번에 트윗할 수 있는 140자에는 글자, 구두점, 띄어쓰기가 포함돼요. 트윗에 추가한 인터넷 기사나 동영상 링크도 140자에 포함되지만, 다행히 트위터에서 링크의 주소를 자동으로 줄여 줘요.

물론 사진도 올릴 수 있어요. 글을 적고 카메라 버튼을 눌러 원하는 사진을 선택해 추가하면 돼요. 글을 작성한 후에는 '트윗하기' 버튼을 눌러 글을 게시해요.

영어로 트위터(Twitter)는 '지저귀다'라는 뜻이에요. 트위터 이용자들은 트위터 로고인 파란 새처럼 일상의 소소한 이야기들을 재잘거리지요.

진정한 '트위터'가 되고 싶다면, 멘션을 이용할 줄 알아야 해요. 멘션이란 특정 이용자를 지목해 말을 거는 거예요. 예를 들어 '@상대방 아이디'를 쓰고 트윗을 하면 내가 상대방에게 트윗을 쓰는 거예요. 'RT@상대방 아이디'는 상대방의 게시물을 공감해서 내 구독자들도 읽을 수 있게 리트윗하는 거예요.

'#' 기호는 해시태그라고 해요. 해시태그는 SNS에서 주제를 분류하기 위해 사용하는 기호예요. 단어 앞에 해시태그(#)를 붙이고, 주제어를 쓰면 돼요. 해시태그를 쓸 때는 띄어쓰기를 하지 않고 한 단어로 입력해야 해요. 해시태그에는 검색 기능이 있어서 그것을 클릭하면, 같은 해시태그를 단 게시물을 한번에 볼 수 있어요.

인스타그램에서는 무엇을 하나요?

인스타그램은 2010년 서비스를 시작한 **사진 공유 SNS**예요. 2013년에 동영상 공유 서비스를 추가하여 현재는 동영상도 올릴 수 있지요. 인스타그램은 순간을 뜻하는 영어 단어 'Instant(인스턴트)'와 전보를 뜻하는 'telegram(텔레그램)'을 합친 말이에요. 그러니까 사진을 찍자마자 공유할 수 있다는 뜻이지요. 페이스북은 2012년에 인스타그램을 인수했어요. 인스타그램은 월 이용자 수가 2017년을 기준으로 8억 명을 돌파했지요.

인스타그램에 가입하면, 홈페이지에 이용자들이 올린 사진과 동영상이 떠요. 인스타그램 회원, 여러분의 친구, 스타들이 올린 사진과 동영상을 볼 수 있지요.

여러분이 게시한 사진이나 동영상도 여러분의 구독자들과 공유할 수 있어요. 인스타그램 어플리케이션을 설치하고 사진을 찍어서 올리면 되지요. 물론 스마트폰 사진 앨범이나 컴퓨터에 있는 사진도 올릴 수 있어요. 사진을 게시하기 전에 인스타그램에 있는 기능을 이용해서 사진의 크기를 조정하고, 다양한 필터(흑백, 진하게)를 적용해 사진에 여러 가지 효과를 줄 수도 있어요. 이런 기능은 인스타그램이 성공하는 데 큰 역할을 했지요.

인스타그램 계정을 비공개로 설정했다면 내가 승인한 팔로워만 내가 올린 사진을 볼 수 있어요. 계정을 공개로 설정하면 누구나 내가 올린 사진을 볼 수 있지요. 인스타그램도 페이스북과 마찬가지로 '좋아요'를 누를 수 있어요. 사진 밑의 하트 모양을 누르면 돼요. 또한 마음에 드는 사진에 댓글을 남겨 소통할 수 있답니다.

인스타그램이 만든 신조어

인스타그램을 사용하는 사람들은 새로운 신조어를 만들어 해시태그를 달아요. 사용자들 스스로 사진을 분류하여 이름을 붙이는 것이지요. 이 신조어는 '사진의 종류'와 '인스타그램'을 합친 형태예요. 셀피 사진은 '셀스타그램', 먹는 사진은 '먹스타그램', 고양이 사진은 '캣스타그램' 같은 식이지요. 국립국어원은 '셀스타그램'과 '먹스타그램'을 2014년 신조어로 선정했답니다.

핀터레스트는 어떻게 작동해요?

핀터레스트는 **온라인에서 발견한 사진을 모아 공유**하는 SNS예요. 2010년 서비스를 시작한 이래로 꾸준히 사용자가 증가했고, 2017년 기준 월 이용자 수는 3억 명에 달하지요.

핀터레스트는 '꽂다'라는 뜻의 영어 단어 'Pin(핀)'과 '관심'이라는 뜻의 'Interest(인터레스트)'를 합친 말이에요. 관심사를 핀으로 꽂는다는 의미쯤으로 풀이할 수 있지요. 핀터레스트에서는 스크랩한 사진이나 동영상을 **핀**이라고 하고, 이 핀들을 모아서 보여 주는 페이지를 **보드**라고 해요. 사용자가 회원 가입을 하고 로그인을 하면 주제를 선택할 수 있고, 그 주제가 반영된 콘텐츠가 보드에 나타나요. 메뉴에서 여러 주제(유머, 동물, 인테리어 등)를 다시 선택하여 그와 관련한 이미지를 추가로 볼 수 있고, 가장 인기 있는 핀도 볼 수 있어요.

이미지를 업로드하는 것은 아주 간단해요. '보드 만들기'를 클릭하여 원하는 주제로 보드를 만들고, '핀 만들기'를 클릭해 마음에 드는 이미지를 보드에 올리면 돼요. 인터넷상에서 마음에 드는 사진의 링크를 저장하면 내 보드에서 해당 이미지를 볼 수 있어요. 추가로 설명을 쓸 수도 있지요. 내 보드의 사진을 클릭하면 원저작자의 웹사이트로 이동해요. 보드는 여러분이 원하는 대로 꾸밀 수 있답니다.

핀터레스트는 다양한 시각 자료가 필요할 때 유용해요. 하지만 핀터레스트에 올라온 사진은 대부분 저작권이 있어서 사진을 사용하려면 꼭 저작자에게 허락을 받아야 해요. 허락받지 않은 사진을 무단으로 게재하면 저작권법 위반으로 처벌받을 수 있답니다.

스냅챗에서는 무엇을 하나요?

스냅챗은 2011년 미국에서 만들어졌어요. 모바일에서 사진이나 동영상을 메시지와 함께 보내는 메시지 어플리케이션이지요. 단 발송된 사진이나 동영상은 수신자가 확인하면 1~10초 사이(삭제되는 시간은 이용자의 설정에 따라 달라질 수 있어요.)에 자동으로 삭제돼요. 필터 기능이 있어서 사진의 색을 보정하고, 사진(특히 셀피)에 익살스러운 그림을 그릴 수도 있지요. 스냅챗에는 점잖은 척하지 않는 사진들이 대부분이에요.

또 스냅챗에는 **스토리(Story)** 기능이 있어서 이용자가 여러 장의 사진이나 동영상을 하나의 이야기로 만들 수 있어요. 하지만 이것도 24시간 동안만 공개되고, 자동으로 삭제돼요.

스냅챗의 자동 삭제 기능만 믿고, 아무 사진이나 올리면 안 돼요. 스크린샷 기능을 이용해 화면을 캡처할 수 있기 때문이지요.

스냅챗의 로고인 꼬마 유령을 보면 자동 삭제 기능이 떠올라요.

스냅챗은 현재 우리나라에서는 잘 쓰지 않아요. 그러나 미국을 비롯한 전 세계의 10대들 사이에서 큰 인기를 누리고 있답니다.

29 유튜브는 어떻게 작동할까요?

유튜브는 2005년 처음 서비스를 시작한 **동영상 공유 사이트**예요. 지금은 구글이 인수했지요. 2008년부터 한국어 서비스를 시작했으니, 여러분에게도 이미 익숙할 거예요. 2017년 11월에 진행한 조사에 따르면 우리나라의 10대들이 가장 오래 사용하는 앱으로 유튜브가 선정되었어요.(2017년 11월 안드로이드 사용자 기준, 와이즈앱) 그만큼 요즘 10대들에게는 유튜브로 다양한 영상을 보는 것이 일상이 되었지요.

구글 계정이 있는 사람이라면 누구나 유튜브에 동영상을 올리거나 볼 수 있어요. 동영상에 댓글을 달거나 평가를 할 때도 구글 계정만 있

으면 되지요.

　유튜브에서는 동영상을 키워드(고양이, 축구 등)나 카테고리(음악, 게임, 영화 등)별로 검색해서 볼 수 있어요. 여러분이 동영상을 시청할 때, 여러분이 보는 영상과 관련된 다른 영상들을 추천해 주기도 하지요.

　각 동영상에는 조회수와 '이 동영상이 마음에 듭니다', '이 동영상이 마음에 들지 않습니다'라는 표시가 있어요. 여러분은 이 버튼을 눌러 영상을 평가할 수 있어요.

　유튜브에 가입하면, 유튜브 채널을 구독할 수 있고, 새로 올라온 동영상 소식을 접할 수 있어요. 유튜브에서 가장 인기 있는 동영상 10개 중 9개는 뮤직비디오예요. 게임 채널과 뷰티 채널도 인기가 많아요.

　유튜브는 동영상 앞에 광고를 붙여서 많은 돈을 벌어요. 그리고 동영상 조회수를 기준으로 광고 수익을 계산하여 일부를 유튜버에게 지불하지요. 유튜버는 유튜브에 동영상을 게시하는 사람을 가리키는 말이에요.

가수 싸이의 뮤직비디오 '강남스타일'은 조회수 30억 건을 넘겼어요. 이것은 역대 최대 조회수 3위에 해당하는 기록이지요.(2017년 11월 기준) 한국인이 만든 콘텐츠 중 가장 많은 조회수를 기록한 콘텐츠이기도 하답니다.

여러분도 인기 유튜버가 될 수 있어요. 장난감 소개, 먹방, 화장하는 법 등 사람들이 공감할 만한 콘텐츠를 제작해서 유튜브에 올리면 돼요. 그러려면 우선 유튜브 채널부터 개설해야 해요. 구글 계정을 만들고 동영상을 업로드하면 채널을 만들 수 있답니다. 이때 업로드하는 동영상 콘텐츠는 여러분이 만든 것이어야 해요. 여러분이 저작권(예를 들어 음악)을 가지고 있지 않으면, 저작권법에 위배되어 유튜브에서 삭제되고, 처벌을 받을 수 있어요. 저작권이 있는 음악이나 영상을 사용하는 것은 특히 주의해야겠지요?

K-POP을 널리 알린 1등 공신, 유튜브

방탄소년단, 엑소, 트와이스 등 한국을 대표하는 가수들이 전 세계에서 사랑을 받고 있어요. 이 가수들이 전 세계 사람들에게 이름을 알린 데에는 유튜브가 큰 역할을 했어요. 유튜브가 없을 때에는 춤을 추거나 노래하는 영상 등을 다른 사람에게 보여 주기가 쉽지 않았어요. 유튜브는 인터넷이 연결된 컴퓨터나 스마트폰을 사용하는 사람이라면 누구나 영상을 쉽게 올리고 볼 수 있는 환경을 만들었지요. 가수들은 뮤직비디오와 춤을 연습하는 영상 등을 유튜브에 올렸어요. 이 영상을 통해 K-POP을 접한 전 세계 사람들이 한국에 관심을 보이고, 관광을 오기도 해요. 짧은 영상 하나가 관광 산업에까지 영향을 주었지요.

한국 기업이 만든 SNS도 있다고요?

우리나라 기업들도 다양한 SNS를 만들었어요. 카카오톡은 우리나라의 대표적인 모바일 메신저예요. 우리나라 사람의 90% 이상이 사용할 정도로 인기가 높지요.

카카오스토리는 카카오톡을 만든 회사에서 선보인 마이크로 블로그예요. 페이스북, 인스타그램처럼 글이나 사진 등을 공유할 수 있지요. 카카오톡과 연동하여 사용할 수 있어 더욱 인기가 높아요.

포털 업체 네이버에서 만든 네이버 블로그도 인기 있는 SNS예요. 긴 글과 사진을 올릴 수 있고 포털 사이트를 통해 검색할 수 있지요.

아프리카TV는 유튜브와 같은 미디어 플랫폼이에요. BJ라고 불리는 방송 진행자가 다양한 주제로 방송을 진행해요. 유튜브와 달리 실시간으로 방송 진행자와 소통하며 방송을 볼 수 있어요. 시청자는 '별풍선'이라고 불리는 사이버 머니를 BJ에게 선물하기도 한답니다.

그 외에도 라인, 티스토리 등 다양한 SNS가 있어요.